PAPA

ICH

Papa ist ein Superheld

SOOSH

Papa ist ein Superheld

SOOSH

riva

Bibliografische Information der Deutschen Nationalbibliothek
Die Deutsche Nationalbibliothek verzeichnet diese Publikation in der Deutschen
Nationalbibliografie. Detaillierte bibliografische Daten sind im Internet über
http://dnb.d-nb.de abrufbar.

Für Fragen und Anregungen
info@rivaverlag.de

4. Auflage 2019
© 2018 by mvg Verlag, ein Imprint der Münchner Verlagsgruppe GmbH
Nymphenburger Straße 86
D-80636 München
Tel.: 089 651285-0
Fax: 089 652096

Copyright der Originalausgabe:
© 2018 by Soosh.
Die englische Originalausgabe erschien 2018 bei Little, Brown and Company unter dem Titel *Dad By My Side*
This edition published by arrangement with Little, Brown and Company, New York, New York, USA. All rights reserved.

Umschlaggestaltung: Laura Osswald
Umschlagabbildung: © 2018 by Soosh
Abbildungen Innenteil: © 2018 by Soosh
Satz: Georg Stadler München
Druck: Graspo CZ, Tschechische Republik
Printed in the EU

ISBN Print 978-3-7423-0618-0
ISBN E-Book (PDF) 978-3-7453-0166-3
ISBN E-Book (EPUB, Mobi) 978-3-7453-0167-0

Weitere Informationen zum Verlag finden Sie unter

www.riva-verlag.de

Beachten Sie auch unsere weiteren Verlage unter www.m-vg.de

Für Frol und Jean,
zukünftige und jetzige Väter

Wenn Papa bei mir ist,
gibt es nichts, was wir nicht tun könnten.

Er weiß genau, wie er mich zum Lachen bringt.

Er hat keine Angst davor, albern auszusehen.

Egal, wie beschäftigt er gerade ist –
für mich hat er immer Zeit.

Wir lieben es, gemeinsam neue Dinge auszuprobieren.

Es macht uns nichts aus,
wenn Eierschalen in unserem Rührei sind.

Er tröstet mich, wenn ich traurig bin.

Und ich tröste ihn auch.

Keiner von uns beiden mag es,
voneinander getrennt zu sein.

Selbst wenn er weit weg von zu Hause ist,
singt er mich jeden Abend in den Schlaf.

Wir hinterlassen unsere Spuren
im ganzen Haus.

Er bringt mir neue Dinge bei.

Ich ihm auch.

Wir lieben es, zu kuscheln.

Er macht immer Platz für mich.

Er erzählt die besten Geschichten.

Mit ihm wird jeder Ort gemütlich.

Er beschützt mich vor Monstern
unter meinem Bett.

Er hilft mir.

Und ich helfe ihm auch.

Es ist egal, was wir machen –
Hauptsache, wir sind zusammen.

Mit meinem Papa an meiner Seite
kann ich nach den Sternen greifen.

Über die Autorin

Mein Name ist Soosh. Ich wurde in Europa geboren, in einem Land, das es nicht mehr gibt. Schon seit ich mich erinnern kann, male und zeichne ich die ganze Zeit.

Mit meiner Papa-Tochter-Reihe habe ich während einer schwierigen Phase meines Lebens begonnen, in der ich mich verloren und unsicher gefühlt habe. Leute haben mir gesagt, ich soll etwas Anständiges mit meinem Leben anfangen, aber ich war unsicher, wie mein nächster Schritt aussehen sollte. Dann sah ich auf einmal den Papa vor mir – diesen riesigen, netten und liebevollen Beschützer, der alles möglich macht.

Er ist absichtlich so groß, viel größer als die Figur des kleinen Mädchens, seiner Tochter, weil sie ihn als so groß wahrnimmt – und so sehen viele von uns ihre Helden oder Eltern (welche, wenn wir Glück haben, ein und dasselbe sind). Sein Bart lässt mich an etwas sehr Altes, Starkes, Beständiges denken. Er ist jemand, der nur aus einem Grund hier ist: um dich ohne Vorbehalt zu lieben, bedingungslos und für immer. Er ist die Art Person, von der ich mir erhoffe, sie für meinen Sohn zu sein. Und die er hoffentlich irgendwann für seine eigenen Kinder sein wird.

Die ersten Bilder dieser Reihe habe ich online gepostet und die Reaktionen darauf haben mich umgehauen. Ich habe Nachrichten von Menschen aus der ganzen Welt bekommen, die diese Bilder auf ihre eigene Familie bezogen haben und mich dazu ermunterten, weiterzumachen. Da wusste ich endlich, was mein nächster Schritt sein sollte.

PAPA

ICH